Herzhaftes aus der Küche

LIEBEVOLLE GESCHENKE KREATIV VERPACKT

Ida Deges

GESCHENKE Atelier

Herzhaftes aus der Küche

LIEBEVOLLE GESCHENKE KREATIV VERPACKT

Ida Deges

Inhalt

Hallo und willkommen

IN MEINER GESCHENKE-KÜCHE!

Ob zum Geburtstag, zu Weihnachten, zum Jahrestag oder einfach als kleines Mitbringsel für zwischendurch – die Rezepte in diesem Buch eignen sich für jeden Anlass! Von schnellen Gewürznüssen und geflochtenen Knabberstangen bis hin zu herzhaften Cantuccini ist in diesem Buch für jeden Geschmack das Passende dabei.

Etwas Selbstgemachtes ist in meinen Augen immer ein wunderschönes und individuelles Geschenk und häufig auch das, worüber ich mich selbst am meisten freuen kann. Ich liebe es, andere zu beschenken, weshalb mich die Aussicht auf einen bevorstehenden Geburtstag und die damit verbundene Suche nach dem passenden Geschenk mit großer Vorfreude erfüllen. Das ist immer eine ideale Gelegenheit, mich kreativ auszutoben, neue Kreationen auszuprobieren und meinen Liebsten eine Freude zu bereiten.

Ich lade dich ein, dieses Buch als eine Inspirationsquelle zu nutzen, um deinen Lieblingsmenschen zu zeigen, wie gern du sie hast.

Neben vielen leckeren Rezepten findest du im hinteren Teil des Buches auch zauberhafte Verpackungsideen inklusive Vorlagen und Etiketten, damit jedes deiner Geschenke ein echter Hingucker wird. Für manche Geschenkverpackungen habe ich Etiketten digital gestaltet. Diese findest du in der Digi-Bib zum Download, sodass du sie auf Etikettenpapier ausdrucken und verwenden kannst. Andere Etiketten habe ich einfach auf weißem Papier per Hand gestaltet und mit Klebestift auf der Verpackung befestigt. Du kannst aber natürlich auch die beigelegten Etiketten nutzen und deine Geschenke damit verzieren.

Lass deiner Kreativität freien Lauf und habe viel Spaß beim Ausprobieren, Verpacken und Verschenken!

Deine
Ida Deges

DIE DIGIBIB – ALLE UPDATES FÜR DICH
Hier findest du alle aktuellen Infos zu deinem Produkt, außerdem Extras, Videos, Vorlagen und mehr! www.topp-kreativ.de/digibib
Freischaltcode: 51806

Geschenkideen

GEFLOCHTENE

Knabberstangen

Zutaten

- 400 g Mehl (Type 405)
- 1 Pck. Trockenhefe
- 1 TL gehackter frischer Rosmarin
- 1 TL gehackter frischer Thymian
- 1 TL gehackter frischer Oregano
- 100 ml Milch
- 2 EL Butter + mehr zum Einfetten
- 1 EL Zucker
- ½ TL Salz
- ½ TL grob gemahlener schwarzer Pfeffer
- 1 Eiweiß
- 1 EL Wasser

30 Min.	15 Min.	1 Std. 30 Min.	16
zubereiten	backen	warten	Portionen

1. In einer großen Schüssel 400 g Mehl, 1 Pck. Trockenhefe und jeweils 1 TL der gehackten Kräuter verrühren. In einem kleinen Topf 100 ml Milch, 2 EL Butter, 1 EL Zucker und je ½ TL Salz und Pfeffer erwärmen.

2. Milchmischung zur Mehlmischung hinzufügen. Mit den Knethaken des Handrührgeräts so lange durchkneten, bis ein fester, glatter und elastischer Teig entsteht. Zu einer Kugel formen. In eine leicht gefettete große Schüssel geben und einmal wenden, um die Oberfläche zu fetten. Anschließend an einem warmen Ort ca. 45–60 Minuten gehen lassen, bis sich das Volumen fast verdoppelt hat.

3. Den Teig halbieren und die erste Hälfte zu einem 25 cm x 23 cm großen Rechteck ausrollen. Längs in 24 Streifen schneiden. Je die oberen Enden von drei Streifen zusammendrücken und die Teigstreifen miteinander zu einem Zopf flechten. Die unteren Enden ebenfalls zusammendrücken.

4. Die dünnen, zusammengedrückten Enden unterschlagen und die Zöpfe auf ein mit Backpapier ausgelegtes Backblech legen. Mit der zweiten Teigportion wiederholen. An einem warmen Ort erneut ca. 30 Minuten gehen lassen, bis sich das Volumen fast verdoppelt hat.

5. Backofen auf 175 °C (Ober-/Unterhitze) vorheizen. In einer kleinen Schüssel 1 Eiweiß und 1 EL Wasser verrühren. Die Zöpfe leicht mit Eiweißmischung bestreichen. 10–15 Minuten backen, bis sie goldbraun sind.

TIPP: Am besten frisch verschenken!

HERZHAFTE

Cantuccini

Zutaten

- 150 g Mehl (Type 405)
- ¼ TL Backpulver
- 2 EL getrocknete Thymianblätter
- 50 g geriebener Parmesan
- 1 TL Kräutersalz
- 1 Ei
- 50 ml lauwarmes Wasser
- 25 g Ahornsirup
- 50 g gesalzene, geröstete Pistazienkerne
- 50 g Haselnusskerne
- etwas Mehl

30 Min. zubereiten | 25 Min. backen | 30 Portionen

1. 150 g Mehl, ¼ TL Backpulver, 2 EL Thymian, 50 g Parmesan und 1 TL Kräutersalz in einer Rührschüssel vermischen. 1 Ei, 50 ml lauwarmes Wasser und 25 g Ahornsirup zufügen und zu einem Teig kneten.
2. Je 50 g Pistazienkerne und Haselnusskerne hacken, dazugeben und alles nochmal kräftig durchkneten.
3. Backofen auf 200 °C (Ober-/Unterhitze) vorheizen. Teig zu einem Barren von ca. 6 cm Breite formen. Das geht am besten mit bemehlten Händen und auf einer ausreichend bemehlten Arbeitsfläche. Dann auf ein mit Backpapier ausgelegtes Backblech legen und im vorgeheizten Backofen ca. 20 Minuten goldbraun backen.
4. Herausnehmen und 10 Minuten abkühlen lassen. Den Barren anschließend mit einem scharfen Sägemesser in ca. 1,5 cm breite Streifen schneiden. Die Streifen mit den Schnittflächen nach oben nebeneinander wieder auf das Blech legen und weitere 5–8 Minuten knusprig backen. Komplett abkühlen lassen.

TIPP: Am besten in einem luftdichten Gefäß aufbewahren!

Parmesan-Taler
MIT ROSMARIN UND MEERSALZ

Zutaten

- 125 g Mehl (Type 405)
- 60 g saure Sahne
- 60 g Butter
- 60 g geriebener Parmesan
- ½ TL Salz
- ½ TL Pfeffer
- 4–5 Zweige Rosmarin
- 1 Eiweiß
- 1 TL Meersalz

10 Min. zubereiten | 15 Min. backen | 1 Std. warten | 35 Portionen

1. 125 g Mehl, 60 g saure Sahne, 60 g Butter und 60 g Parmesan mit je ½ TL Salz und Pfeffer verkneten. Zu Beginn fühlt sich der Teig etwas klebrig an, wird aber durch das Kneten besser. Falls der Teig nach dem Kneten immer noch zu klebrig ist, etwas mehr Mehl hinzuzufügen.
2. Den Teig zu einer 4 cm dicken Rolle formen und in Frischhaltefolie gewickelt ca. 1 Stunde in den Kühlschrank geben.
3. Mit einem scharfen Messer in ca. 0,5 cm dicke Scheiben schneiden und auf ein mit Backpapier ausgelegtes Backblech legen.
4. Den Backofen auf 200 °C (Ober-/Unterhitze) vorheizen. Rosmarinnadeln von den Zweigen zupfen und grob hacken. Die Taler zuerst mit Eiweiß bestreichen, dann die Rosmarinnadeln auf den Plätzchen verteilen und vorsichtig etwas Meersalz daraufstreuen.
5. Bei 200° C ca. 15 Minuten backen, bis der Rand zart gebräunt ist.

Leinsamen-Kräcker

MIT ROSMARIN

Zutaten

- 1 rote Zwiebel
- 1 Knoblauchzehe
- 100 g Dinkelmehl
- 80 g Leinsamen
- 20 g Sesam
- 40 g Sonnenblumenkerne
- 40 g Kürbiskerne
- 1 TL Rosmarinpulver
- ½ TL Salz
- 50 ml Olivenöl
- 180 ml Wasser
- 2 TL getrockneter Rosmarin
- ½ TL grobes Meersalz

15 Min. zubereiten | 45 Min. backen | 1 Backblech

1. Zuerst 1 rote Zwiebel und 1 Knoblauchzehe schälen und fein hacken.
2. In einer Schüssel 100 g Dinkelmehl, 80 g Leinsamen, 20 g Sesam, je 40 g Sonnenblumen- und Kürbiskerne, Zwiebel, Knoblauch, 1 TL Rosmarinpulver und ½ TL Salz mit 50 ml Olivenöl verrühren.
3. 180 ml Wasser zum Kochen bringen und dazugeben. Alles miteinander verrühren, sodass ein Teig entsteht. Abkühlen lassen.
4. In der Zwischenzeit den Backofen auf 150 °C (Ober-/Unterhitze) vorheizen. Ein Backblech mit Backpapier auslegen. Die Masse darauf grob verteilen. Ein weiteres Blatt Backpapier darauflegen und mit einem Nudelholz den Teig ganz dünn ausrollen.
5. Mit einem Messer für die Schnittstellen feine Linien vorzeichnen. Zum Schluss den Teig mit 2 TL Rosmarin und ½ TL Meersalz bestreuen.
6. Im Ofen ca. 45 Minuten backen. Am Ende der Backzeit aus dem Ofen nehmen, etwas abkühlen lassen und vorsichtig an den vorgezeichneten Linien in Stücke schneiden.

TIPP: Luftdicht in einer Keks- oder Frischhaltedose aufbewahren! So bleiben die Kräcker knusprig und halten sich mehrere Wochen lang.

KNUSPRIGE Gemüse-Chips

Zutaten

FÜR DIE GEMÜSE-CHIPS
- 200 g Möhren
- 200 g Rote Bete
- 200 g Süßkartoffeln
- 200 g Zucchini
- 4 EL Olivenöl
- 1 TL Salz
- 1 TL gemahlener Pfeffer
- 1 TL Paprikapulver
- 1 TL Currypulver

AUSSERDEM
- 2 Gläser, 500 ml

20 Min. zubereiten | 1 Std. backen | 2 Gläser

1. Das Gemüse waschen und je 200 g Möhren, Rote Bete, Süßkartoffeln und Zucchini schälen. Mit einem Gemüsehobel in dünne Scheiben hobeln und anschließend in einer großen Schüssel mit 4 EL Olivenöl und je 1 TL Salz, Pfeffer, Paprika- und Currypulver vermengen. Dabei darauf achten, dass jede Gemüsescheibe einen leichten Ölfilm hat.

2. Zwei Backbleche mit Backpapier auslegen und das Gemüse darauf verteilen. Die Gemüsescheiben sollten sich nicht berühren oder übereinander liegen. Eventuell in mehreren Durchläufen backen.

3. Im Ofen bei 120 °C (Ober-/Unterhitze) mindestens 45–60 Minuten knusprig backen. Die Backzeit hängt vom Ofen und von der Dicke der Gemüsescheiben ab. Deshalb die Chips am besten regelmäßig prüfen. Sie müssen knusprig, aber nicht zu braun oder verbrannt sein. Bei dickeren Scheiben kann das evtl. länger als 1 Stunde dauern.

4. Die Ofentür immer einen Spalt offen lassen, damit die Feuchtigkeit entweichen kann. Dafür einfach einen Holzstiel in die Tür klemmen.

5. Gemüse-Chips herausnehmen und abkühlen lassen. Anschließend gleich luftdicht verpacken, damit sie schön knusprig bleiben.

Brezel-Bites
MIT HONIG & SENF

Zutaten

- 4 EL Olivenöl
- ½ TL Pommes-Salz
- 1 TL Zwiebelpulver
- 4 EL Honig-Senf
- 2 frische Laugenbrezeln

10 Min. zubereiten | 50 Min. backen | 1 Backblech

1. Backofen auf 180 °C vorheizen und ein Backblech mit Backpapier auslegen. In einer Schüssel 4 EL Olivenöl, ½ TL Pommes-Salz, 1 TL Zwiebelpulver und 4 EL Honig-Senf verrühren.
2. Die beiden Laugenbrezeln in Stücke brechen und mit der Olivenöl-Senf-Mischung vermengen.
3. Die Brezelstücke nebeneinander auf ein Backblech legen und im Backofen für ca. 20 Minuten backen. Anschließend den Backofen auf 100 °C herunterstellen und für weitere 30 Minuten backen. Zwischendurch 1- bis 2-mal wenden. Die Brezel-Bites auskühlen lassen. Danach luftdicht verpacken.

TIPP: Das Rezept funktioniert auch prima mit TK-Brezeln. Dafür die Brezeln erst leicht antauen lassen, mit einem scharfen Messer in kleine Stücke schneiden und mit der Honig-Senf-Sauce vermischen.

SCHNELLE Gewürznüsse

Zutaten

FÜR DIE GEWÜRZNÜSSE
- 1 Eiweiß
- 1 TL edelsüßes Paprikapulver
- 1 TL Kreuzkümmel
- ½ TL Kurkuma
- ¼ TL Chilipulver
- 2 TL Salz
- 1 EL Olivenöl
- 300 g gemischte Nüsse (Haselnüsse, Mandeln, Erdnüsse, Pistazien und Cashewkerne)

AUSSERDEM
- 4 Gläser, 450 ml

10 Min. zubereiten | 15 Min. backen | 4 Gläser

1. Das Eiweiß zu Eischnee schlagen. Dann nach und nach 1 TL Paprikapulver, 1 TL Kreuzkümmel, ½ TL Kurkuma, ¼ TL Chilipulver, 2 TL Salz und 1 EL Olivenöl dazugeben und unterrühren.
2. 300 g Nüsse unter den Eischnee rühren, sodass alle mit einer Schicht überzogen sind. Backofen auf 180 °C (Ober-/Unterhitze) vorheizen und ein Backblech mit Backpapier auslegen. Die Gewürznüsse mit etwas Abstand zueinander darauf verteilen und für ca. 15 Minuten im vorgeheizten Backofen rösten. Die Nüsse nach der Hälfte der Zeit einmal wenden.
3. Die Gewürznüsse nach dem Rösten gut abkühlen lassen und anschließend in luftdichten Gläsern aufbewahren.

WALNUSS
TOMATEN BROT

Walnuss-Brot
MIT GETROCKNETEN TOMATEN

Zutaten

- 150 ml lauwarmes Wasser
- 2 TL Zucker
- ½ Würfel Hefe
- 300 g Mehl (Type 405)
- 100 g Walnüsse
- 10 getrocknete Tomaten (in Öl)
- 1 ½ TL Salz
- etwas Mehl zum Bestäuben

20 Min. zubereiten	20 Min. backen	1 Std. 15 Min. warten	2 Brote

1. Zuerst 150 ml Wasser mit 2 TL Zucker in einer Schüssel verrühren und ½ Würfel Hefe hineinbröckeln. Umrühren und warten, bis sich die Hefe ganz aufgelöst hat.
2. 300 g Mehl in eine Schüssel geben, das Hefe-Zucker-Wasser hinzufügen und mit den Knethaken des Handrührers zu einem Teig verarbeiten.
3. 100 g Walnüsse zerkleinern. 10 getrocknete Tomaten mit Küchenpapier abtupfen und in kleine Stücke schneiden. Beides zusammen mit 1 ½ TL Salz unter den Teig kneten.
4. Den Teig zu einer Kugel formen und für 45 Minuten an einem warmen Ort gehen lassen. Dann auf einer bemehlten Arbeitsfläche erneut durchkneten und zwei Brotlaibe formen.
5. Backofen auf 200 °C (Ober-/Unterhitze) vorheizen und ein Backblech mit Backpapier auslegen. Die Brotlaibe darauf legen, mit etwas Mehl bestäuben und erneut für 30 Minuten gehen lassen. Zum Schluss die Brote für ca. 20 Minuten backen.

Oliven-Brot
IN DER DOSE

Zutaten

FÜR DAS BROT
- 200 g Kalamata-Oliven ohne Stein
- 2 Zweige frischer Rosmarin
- 400 g Mehl (Type 405)
- 1 EL Trockenhefe
- 1 TL Zucker
- 1 TL Salz
- 250 ml lauwarmes Wasser
- 2½ EL Olivenöl

AUSSERDEM
- 3 Dosen, 212 ml

15 Min. zubereiten | 20 Min. backen | 1 Std. 45 Min. warten | 3 Dosen

1. 200 g Oliven in kleine Stücke schneiden. Die Nadeln von 2 Rosmarinzweigen zupfen und mit einem scharfen Messer klein schneiden.
2. 400 g Mehl, 1 EL Trockenhefe, 1 TL Zucker und 1 TL Salz in einer Schüssel mischen. 250 ml Wasser und 2 EL Olivenöl vermengen und dazugeben. Alles mit den Knethaken des Handrührgeräts zu einem glatten Teig verarbeiten.
3. Teig mit Frischhaltefolie abdecken. An einem warmen Ort 1 Stunde 30 Minuten gehen lassen, bis er sich deutlich vergrößert hat. Backofen auf 180 °C (Ober-/Unterhitze) vorheizen.
4. Oliven und Rosmarin unter den Teig kneten. Auf einer bemehlten Arbeitsfläche aus dem Teig drei kleine Kugeln formen. Blechdosen mit dem restlichen Olivenöl auspinseln, Teigkugeln in die Dosen geben und an einem warmen Ort nochmals 15 Minuten abgedeckt ruhen lassen.
5. Die Dosen anschließend ca. 20 Minuten backen und abkühlen lassen. Am besten frisch verschenken.

Olivenbrot
MIT ROSMARIN
Olivenbrot

Rezeptkärtchen

150 ml Wasser aufkochen. Die Couscous-Mischung in eine Schale füllen, mit dem Wasser aufgießen, verrühren und 5 Minuten ziehen lassen. 1 EL Olivenöl dazugeben, unterrühren und den Couscous mit einer Gabel auflockern. Mit Salz würzen und servieren.

Rezeptkärtchen

1 Zwiebel klein schneiden und in einem Topf in etwas Öl andünsten. Zuerst den Inhalt der Gewürztüte und anschließend die Linsen-Mischung zufügen und mit anbraten. Dann mit 250 ml Kokosmilch und 800 ml Wasser aufgießen und bissfest kochen. Mit Salz abschmecken.

Gewürz-Couscous

Zutaten

FÜR DEN COUSCOUS
- 60 g Mandelstifte
- 50 g Rosinen
- 300 g Couscous
- 3 TL getrocknete Minze
- 80 g geröstete Pistazien
- 1 TL Ras el-Hanout
- ¼ TL getrocknete Orangenschale
- 1 TL gefriergetrocknete Petersilie
- ½ TL Gemüsebrühe (Pulver)

AUSSERDEM
- 2 Gläser, 400 ml

15 Min. zubereiten

2 Gläser

1. 60 g Mandelstifte in einer Pfanne ohne Fett hellbraun rösten, herausnehmen und abkühlen lassen.
2. Jeweils die Hälfte der Zutaten in dieser Reihenfolge in zwei Gläser schichten: 50 g Rosinen, 150 g Couscous, 3 TL Minze, 60 g Mandelstifte, 150 g Couscous, 80 g Pistazien, 1 TL Ras el-Hanout, ¼ TL Orangenschale, 1 TL Petersilie und ½ TL Gemüsebrühe. Die Gläser verschließen und zusammen mit einem Rezeptkärtchen verschenken.

TIPP: Die Gläser zum Verschenken z. B. mit frischer Minze garnieren!

Linsen-Kokos-Curry

Zutaten

FÜR DAS CURRY
- 100 g gelbe Linsen
- 100 g rote Linsen
- 20 g getrocknete Tomaten
- 20 g gefriergetrocknetes Suppengemüse
- 5 g getrockneter Schnittlauch
- kleine Plastiktüte
- 1 Lorbeerblatt
- 2 TL Garam Masala
- 1 TL Currypulver
- 1 TL Paprikapulver
- 1 TL Salz

AUSSERDEM
- 1 Glas, 400 ml

15 Min. zubereiten

1 Glas

1. Jeweils 50 g gelbe und rote Linsen nacheinander in das Glas füllen.
2. Nun 20 g Tomaten in kleine Stücke schneiden. Zusammen mit 20 g Suppengemüse und 5 g Schnittlauch in das Glas füllen. Anschließend wieder rote und gelbe Linsen schichten.
3. Eine kleine Plastiktüte mit 1 Lorbeerblatt, 2 TL Garam Masala und je 1 TL Currypulver, Paprikapulver und Salz füllen und verschließen. Das Gewürztütchen auf die Linsenmischung im Glas legen und das Glas verschließen. Anschließend beschriften und mit einem Rezeptkärtchen verschenken.

Pinienkern-Risotto

Zutaten

FÜR DAS RISOTTO
- 60 g Pinienkerne
- 30 g getrocknete Tomaten
- 250 g Risotto-Reis
- 1 EL Gemüsebrühe (Pulver)
- 1 kleine Dose Safran
- 60 g Rosinen
- 1 Lorbeerblatt
- ½ TL Salz
- ½ TL gemahlener schwarzer Pfeffer

AUSSERDEM
- 1 Glas, 400 ml

15 Min. zubereiten

1 Glas

1. 60 g Pinienkerne in einer Pfanne ohne Fett anrösten, herausnehmen und abkühlen lassen. 30 g Tomaten in kleine Stücke schneiden.
2. 250 g Risotto-Reis, 1 EL Gemüsebrühe, Pinienkerne, Tomatenstücke, 1 kleine Dose Safran, 60 g Rosinen, 1 Lorbeerblatt und je ½ TL Salz und Pfeffer mischen und in ein Glas füllen. Mit Rezeptkärtchen verschenken.

Steinpilz-Risotto

Zutaten

FÜR DAS RISOTTO
- 250 g Risotto-Reis
- 1 EL Gemüsebrühe (Pulver)
- 1 EL getrocknete italienische Kräuter
- ½ TL Salz
- ½ TL gemahlener schwarzer Pfeffer
- 20 g getrocknete Steinpilze

AUSSERDEM
- 1 Glas, 400 ml

15 Min. zubereiten

1 Glas

1. 250 g Risotto-Reis ins Glas füllen. Je 1 EL Gemüsebrühe und italienische Kräuter und je ½ TL Salz und Pfeffer auf den Reis geben.
2. Als oberste Schicht 20 g getrocknete Steinpilze ins Glas füllen und verschließen. Mit Rezeptkärtchen verschenken.

Rezeptkärtchen

2 Schalotten schälen und fein würfeln. 800 ml Wasser aufkochen. 1 EL Olivenöl in einem Topf erhitzen, Schalottenwürfel darin andünsten. Risotto-Mix dazugeben und ca. 1 Minute unter ständigem Rühren mit andünsten. Nach und nach Wasser zum Reis geben und einkochen lassen, dabei immer rühren. Sobald der Reis die Flüssigkeit aufgenommen hat, wieder etwas Wasser dazugeben. Am Ende sollte das Risotto cremig sein, die Reiskörner aber noch etwas Biss haben. 60 g Parmesan unterrühren und Risotto sofort servieren. Eventuell nochmals mit Salz und Pfeffer abschmecken.

TIPP: Die passenden Etiketten mit aufgedruckter Rezeptanleitung sind in den Vorlagen (S. 82) enthalten!

Rezeptkärtchen Tomatensauce

3 EL der Gewürzmischung für Tomatensauce mit einem Päckchen passierten Tomaten, 50 g Tomatenmark und 2 EL Olivenöl sowie 2 EL Sahne mischen, kurz aufkochen lassen. Fertig!

Rezeptkärtchen Gemüsebrühe

40 g Gemüsebrühe mit 1 l Wasser aufkochen. Das Pulver kann aber auch zum Würzen, Abschmecken und Verfeinern von Suppen, Saucen, Brühen und Fonds verwendet werden.

Gemüsebrühe

Zutaten

FÜR DIE GEMÜSEBRÜHE
- 650 g Möhren
- 400 g Pastinaken
- 650 g Knollensellerie
- 250 g Fenchel
- 600 g Lauch
- 2 rote Zwiebeln
- 1 Bund Petersilie
- 3 TL Salz
- 20 g Kurkuma

AUSSERDEM
- 2 Gläser, 450 ml

30 Min. zubereiten | 4–5 Std. backen | 2 Gläser

1. 650 g Möhren, 400 g Pastinaken, 650 g Knollensellerie, 250 g Fenchel, 600 g Lauch, 2 rote Zwiebeln und 1 Bund Petersilie nacheinander in einem Küchenmixer zerkleinern.
2. Die zerkleinerten Zutaten in einer großen Schüssel mischen und anschließend auf zwei mit Backpapier ausgelegte Backbleche verteilen. Im Backofen bei 60 °C (Ober-/Unterhitze) für 4–5 Stunden trocknen. Backofen zwischendurch regelmäßig kurz öffnen, damit die Feuchtigkeit entweichen kann.
3. Danach alles erneut in den Küchenmixer geben. 3 TL Salz und 20 g Kurkuma zufügen und zu einem feinen Pulver weiterverarbeiten. Umgehend luftdicht und dunkel lagern. Das Pulver ist bis zu 12 Monate haltbar.

Tomatensauce-Gewürzmischung

Zutaten

FÜR DIE GEWÜRZMISCHUNG
- 50 g getrocknete Tomaten
- 3 EL Röstzwiebeln
- 1 Lorbeerblatt
- 1 TL Pfeffer
- 1 TL getrockneter Rosmarin
- 1 TL getrockneter Oregano
- 1 TL edelsüßes Paprikapulver
- 1½ EL getrocknetes Basilikum
- ½ TL Chiliflocken
- 30 g Meersalz
- 2 EL brauner Zucker
- 2 TL Knoblauchgranulat

AUSSERDEM
- 1 Glas, 200 ml

15 Min. zubereiten | 1 Glas

1. 50 g Tomaten in einem leistungsstarken Mixer hacken. 3 EL Röstzwiebeln, 1 Lorbeerblatt, je 1 TL Pfeffer, Rosmarin, Oregano und Paprikapulver, 1½ TL Basilikum, ½ TL Chiliflocken, 30 g Meersalz, 2 EL Zucker und 2 TL Knoblauchgranulat dazugeben und fein zerkleinern.
2. Die Mischung danach direkt luftdicht und dunkel aufbewahren. So hält die Gewürzmischung für Tomatensauce einige Monate.

Röstzwiebel-Salz

Zutaten

FÜR DAS SALZ
- 100 g getrocknete Röstzwiebeln
- 10 g Knoblauchpulver
- 220 g Meersalz

AUSSERDEM
- 1 Glas, 150 ml

10 Min. zubereiten | 1 Glas

1. 100 g Röstzwiebeln mit 10 g Knoblauchpulver und 220 g Meersalz in einen leistungsstarken Mixer geben und zu feinem Pulver verarbeiten.
2. In einem Glas luftdicht verschließen.

Basilikum-Salz

Zutaten

FÜR DAS SALZ
- 100 g frische Basilikumblätter
- 250 g Meersalz

AUSSERDEM
- 1 Glas, 150 ml

10 Min. zubereiten | 1 Std. backen | 1 Glas

1. 100 g Basilikum waschen, trocken tupfen und mit 250 g Meersalz in einen Mixer geben. Alles auf höchster Stufe fein mixen. Das noch feuchte Basilikumsalz auf einem mit Backpapier ausgelegten Backblech verteilen und im Backofen bei 70 °C (Ober-/Unterhitze) für etwa 1 Stunde trocknen lassen. Dabei einen Holzlöffel zwischen die Backofentür klemmen, damit die Feuchtigkeit entweichen kann.
2. Das trockene Salz und nochmals kurz in den Mixer geben. In einem Glas abfüllen, trocken und kühl lagern.

Thymian-Zitronen-Salz

Zutaten

FÜR DAS SALZ
- 1 Bio-Zitrone
- 2 EL frischer Rosmarin
- 2 EL frischer Thymian
- 200 g grobes Meersalz

AUSSERDEM
- 1 Glas, 150 ml

15 Min. zubereiten | 1 Glas

1. Zitrone waschen und die Schale fein abreiben. 2 EL Rosmarinnadeln klein schneiden.
2. Rosmarin, 2 EL Thymian, geriebene Zitronenschale und 200 g Meersalz in einen Mixer geben und fein mixen. In einem Glas luftdicht verpacken.

TIPP: Die passenden Etiketten sind in den Vorlagen (S. 83) enthalten!

TIPP: Dukkah mit etwas Öl vermengt schmeckt fein zu Fladenbrot. Auch köstlich: die Gewürzmischung einfach auf orientalische Gerichte streuen. Mit Frischkäse und etwas Zitronensaft vermischt, ergibt Dukkah einen leckeren Dip.

Salat-Granola

15 Min.
zubereiten

20 Min.
backen

3
Gläser

Zutaten

FÜR DAS GRANOLA

- 2 TL frischer Rosmarin
- 1 TL frischer Thymian
- 250 g Haferflocken
- 150 g Mandelsplitter
- 1 TL braune Senfsamen
- 100 g Sesam
- 100 g Sonnenblumenkerne
- 100 g Kürbiskerne
- 100 g Leinsamen
- 2 EL Honig
- 2 EL Senf
- 100 ml Olivenöl
- 1 TL Salz

AUSSERDEM

- 3 Gläser, 200 ml

1. Zwei Backbleche mit Backpapier belegen. Den Backofen auf 170 °C (Ober-/Unterhitze) vorheizen. 2 TL Rosmarin und 1 TL Thymian fein hacken. Mit 250 g Haferflocken, 150 g Mandelsplittern, 1 TL Senfsamen und jeweils 100 g Sesam, Sonnenblumenkerne, Kürbiskerne und Leinsamen in einer Schüssel vermischen.

2. Je 2 EL Honig und Senf, 100 ml Olivenöl und 1 TL Salz verrühren und unter die trockenen Zutaten mischen. Marinade gut verrühren. Auf den Backblechen verteilen und für ca. 20 Minuten backen. Nach 10 Minuten wenden. Backofen ausschalten, einen Kochlöffel in die Türe klemmen und die Bleche vollständig auskühlen lassen. Das Granola in Gläser füllen und verschließen.

Dukkah-Gewürzmischung

30 Min.
zubereiten

1
Glas

Zutaten

FÜR DIE GEWÜRZMISCHUNG

- 50 g Haselnüsse
- 50 g Cashewkerne
- 25 g Pinienkerne
- 4 EL Sesam
- 2 EL Schwarzkümmelsamen
- 2 EL Sonnenblumenkerne
- 1 EL Kreuzkümmelsamen
- 1 TL Pfefferkörner
- 3 EL Koriandersamen
- 2 TL Fenchelsamen
- 1 TL getrocknete Chiliflocken
- 1 TL getrockneter Thymian
- 2 TL grobes Meersalz

AUSSERDEM

- 1 Glas, 200 ml

1. Je 50 g Haselnüsse und Cashewkerne hacken und mit 25 g Pinienkernen in einer Pfanne ohne Öl anrösten. Aus der Pfanne nehmen und abkühlen lassen. 4 EL Sesam sowie 2 EL Schwarzkümmelsamen rösten und aus der Pfanne nehmen.

2. Anschließend 2 EL Sonnenblumenkerne, 1 EL Kreuzkümmel, 1 TL Pfefferkörner sowie 3 EL Koriander in die Pfanne geben und bei mittlerer Hitze rösten, bis die Samen anfangen zu duften. Mit 2 TL Fenchelsamen und 1 TL Chiliflocken in einer Küchenmaschine grob zerkleinern.

3. Alle Zutaten mit 1 TL Thymian und 2 TL Meersalz vermengen und luftdicht verschlossen aufbewahren.

CREMIGER Waldfrucht-Senf

Zutaten

FÜR DEN SENF
- 300 g TK-Waldbeeren
- 100 g Senfkörner
- 120 ml Wasser
- 80 ml Apfelessig
- 50 g brauner Zucker
- 50 ml Apfelsaft
- 50 g Gelierzucker (3:1)

AUSSERDEM
- 4 Gläser, 200 ml

30 Min. zubereiten

4 Gläser

1. 300 g Waldbeeren in einem Topf bei mittlerer Hitze auftauen lassen. 100 g Senfkörner fein mahlen.
2. In einem anderen Topf 120 ml Wasser, 80 ml Apfelessig und 50 g Zucker aufkochen, einige Minuten bei mittlerer Hitze köcheln lassen und dann das Senfmehl unterrühren. Nun die Beeren und 50 ml Apfelsaft dazugeben und alles vorsichtig mit dem Pürierstab pürieren.
3. 50 g Gelierzucker in die Masse rühren, für weitere 5 Minuten sprudelnd kochen lassen, in mit kochendem Wasser ausgespülte Gläser füllen und noch heiß verschließen.

TIPP: Der Senf sollte kühl gelagert werden und vor dem Verzehr etwa 3–4 Wochen durchziehen.

WALDFRUCHTSENF

ZWIEBEL
MARMELADE

KÖSTLICHE Zwiebel-Marmelade

Zutaten

FÜR DIE MARMELADE
- 500 g rote Zwiebeln
- 80 g Zucker
- 70 g Butter
- 100 ml heller Balsamico-Essig
- 350 ml Rotwein
- 2 EL brauner Zucker
- ¼ TL Salz
- ¼ TL Pfeffer

AUSSERDEM
- 2 Gläser, 250 ml

1 Std. zubereiten

2 Gläser

1. 500 g rote Zwiebeln schälen und klein hacken. 80 g Zucker in einem Topf karamellisieren lassen, bis er hellbraun ist. 70 g Butter dazugeben und schmelzen lassen. Die Zwiebeln unterrühren und etwa 5 Minuten anbraten.

2. 100 ml Balsamico-Essig und 350 ml Rotwein, 2 EL braunen Zucker, je ¼ TL Salz und Pfeffer zufügen. Kurz aufkochen und mit geschlossenem Deckel bei geringer Hitze etwa 30 Minuten köcheln lassen. Danach den Deckel abnehmen und 15 Minuten bei etwas höherer Hitze die Masse zu einer Art Brei einkochen.

3. In der Zwischenzeit die Gläser mit kochendem Wasser ausspülen. Mit einem sauberen Handtuch abtrocknen und bis zur Verwendung mit der Öffnung nach unten stehen lassen. Die Zwiebelmarmelade in die Gläser füllen, sofort fest verschließen und mit dem Deckel nach unten abstellen.

TIPP: Die Gläser während des Abkühlens alle 30 Minuten umdrehen, damit sich die Butter nicht oben absetzt!

SÜSSE

Chili-Sauce

Zutaten

FÜR DIE SAUCE
- 3 rote Chilischoten
- 2 rote Thai-Chilischoten
- 4 Knoblauchzehen
- ½ rote Paprikaschote
- 200 ml Wasser
- 60 ml Reisessig
- 80 g Zucker
- ½ TL Salz
- 2 EL Fischsauce

AUSSERDEM
- 1 Flasche, 250 ml

30 Min. zubereiten

1 Flasche

1. Zuerst 3 Chilischoten und 2 Thai-Chilis waschen und klein hacken. Dann 4 Knoblauchzehen schälen und in kleine Stücke hacken. ½ Paprikaschote waschen, entkernen und in sehr kleine Stückchen schneiden.
2. Chilis, Knoblauch und Paprika im Mixer kurz pürieren.
3. In einem Topf 200 ml Wasser, 60 ml Reisessig, 80 g Zucker, ½ TL Salz und die Chili-Paprika-Paste verrühren und aufkochen. Bei mittlerer Hitze unter Rühren ca. 10 Minuten köcheln lassen, bis die Sauce eindickt.
4. Anschließend abkühlen lassen und 2 EL Fischsauce unterrühren. Die fertige Chilisauce in eine saubere, mit Wasser ausgekochte Flasche abfüllen.

TIPP: Die Chilisauce unbedingt im Kühlschrank aufbewahren! Das passende Etikett ist in den Vorlagen (S. 82) enthalten!

CHILI SAUCE
100% bio
Schmeckt gut zu Hähnchen, Frühlingsrollen und Salaten
SELBSTGEMACHT
RAUCHFERTIG
Neuhaus
25 Stück

TIPP: Vor dem Verzehr mindestens 4 Wochen durchziehen lassen, dann erst entfaltet der Ketchup sein volles Aroma. Lichtgeschützt und kühl aufbewahren.

Barbecue-Sauce

Zutaten

FÜR DIE SAUCE
- 170 g Schalotten
- 1 Knoblauchzehe
- 1 Chilischote
- 2 EL Sonnenblumenöl
- 1 TL geräuchertes Paprikapulver
- 1 TL gemahlener Piment
- ½ TL Zimt
- 100 g brauner Zucker
- 2 EL Tomatenmark
- 100 ml Apfelessig
- 100 ml Cola
- 150 g Tomatenketchup
- 100 ml Worcestersauce*
- 4 EL Sojasauce

AUSSERDEM
- 2 Flaschen, 300 ml

35 Min. zubereiten

2 Flaschen

1. 170 g Schalotten, 1 Knoblauchzehe und 1 Chilischote fein würfeln. 2 EL Sonnenblumenöl in einem Topf erhitzen. Zwiebel- und Knoblauchwürfel hinzufügen und glasig dünsten. Je 1 TL Paprikapulver und Piment sowie, ½ TL Zimt kurz mit anrösten. 100 g Zucker zugeben, bis dieser geschmolzen ist.
2. 2 EL Tomatenmark und Chilischotenwürfel dazugeben. Mit je 100 ml Apfelessig und Cola ablöschen und einkochen lassen. 150 g Tomatenketchup, 100 ml Worcestersauce und 4 EL Sojasauce hinzufügen. Bei mittlerer Hitze etwa 20 Minuten köcheln lassen. Die Sauce heiß in vorbereitete Twist-Off-Gläser füllen, verschließen und umgedreht 5 Minuten auf den Deckeln stehen lassen.

Pflaumen-Ketchup

Zutaten

FÜR DAS KETCHUP
- 500 g Pflaumen
- 2 rote Zwiebeln
- 1 Knoblauchzehe
- 15 g geriebener Ingwer
- 1 TL Korianderpulver
- ½ TL Pimentpulver
- 100 ml Balsamico-Essig
- 1 TL Currypulver
- 1 Prise Zimt
- 1 Prise Chilipulver
- ½ TL Kurkuma
- 80 g brauner Zucker
- Salz

AUSSERDEM
- 2 Flaschen, 250 ml

1 Std. 35 Min. zubereiten

2 Flaschen

1. 500 g Pflaumen waschen und trocknen. Die Kerne entfernen und das Fruchtfleisch in grobe Stücke schneiden. 2 Zwiebeln und 1 Knoblauchzehe in sehr kleine Stücke schneiden. Mit 15 g Ingwer, 1 TL Koriander und ½ TL Piment in einen großen Topf geben. Mit 100 ml Balsamico-Essig auffüllen, zum Kochen bringen und 40 Minuten köcheln lassen.
2. Pürieren und durch ein Sieb streichen. Die Masse zurück in den Topf geben. Mit 1 TL Curry, jeweils 1 Prise Zimt und Chilipulver sowie ½ TL Kurkuma würzen. 80 g Zucker und Salz hinzufügen.
3. Die Mischung weitere 45 Minuten dickflüssig kochen. Dabei umrühren, damit nichts anbrennt! Mit Hilfe eines Trichters abfüllen und verschließen.

Dattel-Essig

Zutaten

FÜR DEN ESSIG
- 500 ml Balsamico-Essig
- 150 g getrocknete, entsteinte Datteln
- 1 EL Zucker
- 1 Prise Zimt

AUSSERDEM
- 2 Flaschen, 200 ml

45 Min. zubereiten

2 Flaschen

1. 500 ml Balsamico-Essig mit 150 g Datteln, 1 EL Zucker und 1 Prise Zimt in einem Topf zum Kochen bringen und ca. 30 Minuten ohne Deckel leicht köcheln lassen.
2. Den Essig durch ein Sieb gießen und mit Hilfe eines Trichters in frisch ausgekochte Flaschen füllen, luftdicht verschließen und mit einem Etikett versehen.

TIPP: Der Dattel-Essig ist gekühlt mindestens 4 Wochen haltbar.

Mango-Essig

Zutaten

FÜR DEN ESSIG
- 1 frische Mango
- 250 g heller Balsamico-Essig
- 50 g Honig

AUSSERDEM
- 2 Flaschen, 100 ml

15 Min. zubereiten

2 Flaschen

1. Die Mango schälen, den Kern herauslösen und in grobe Würfel schneiden.
2. In einem hohen Gefäß das Fruchtfleisch mit 250 g Balsamico-Essig und 50 g Honig fein pürieren.
3. Den Essig in frisch ausgekochte Flaschen oder Gläser geben und verschließen.

TIPP: Den Mango-Essig kühl und dunkel – also am besten im Kühlschrank – lagern. Dort hält er mehrere Wochen.

FOR YOU
MANGO
ESSIG
FOR YOU
DATTEL
ESSIG

Hirtenkäse
MIT ZITRONE UND ROSMARIN

Zutaten

FÜR DEN HIRTENKÄSE
- 400 g Hirtenkäse
- 4 kleine Chilischoten
- 2 Zweige Rosmarin
- 2 Zweige Thymian
- 5 getrocknete Soft-Tomaten
- 1 Frühlingszwiebel
- 3 Knoblauchzehen
- 1 Bio-Zitrone
- 1 TL rote Pfefferkörner
- 300 ml Olivenöl

AUSSERDEM
- 3 Gläser, 250 ml

20 Min. zubereiten

3 Gläser

1. 400 g Hirtenkäse in kleine Würfel schneiden. 4 Chilischoten und je 2 Zweige Rosmarin und Thymian heiß waschen und trocken tupfen. Thymianblätter abstreifen, Rosmarinnadeln abzupfen und in kleine Stücke hacken.
2. 5 Soft Tomaten und 1 Frühlingszwiebel in kleine Stücke schneiden. 3 Knoblauchzehen pressen. Von der Zitrone die Schale abreiben.
3. Alle vorbereiteten Zutaten zusammen mit 1 TL Pfeffer in vorbereitete Gläser schichten. Mit ca. 300 ml Olivenöl aufgießen, sodass der Inhalt mit Öl bedeckt ist.
4. Gläser verschließen und mindestens 24 Stunden – besser länger – im Kühlschrank ziehen lassen.

TIPP: Den eingelegten Hirtenkäse immer mit einem sauberen Löffel entnehmen und bei Bedarf wieder mit Olivenöl bedecken. Am besten gleich verschenken, denn er sollte innerhalb von 7 Tagen aufgebraucht werden.

Salz-Zitronen

Zutaten

FÜR DIE ZITRONEN
- 3 Bio-Zitronen
- 100 g grobes Meersalz
- 50 ml Olivenöl
- 2 geschälte Knoblauchzehen

AUSSERDEM
- 2 Gläser, 250 ml

15 Min. zubereiten

2 Gläser

1. 3 Zitronen abwaschen, trocken reiben und in Scheiben schneiden. Scheiben anschließend vierteln.
2. Je eine Hälfte der Zitronen und 50 g Meersalz in ein Glas schichten. Dabei sollten die Zitronen dicht aneinanderliegen. Am besten mit einem Kochlöffel nachhelfen, damit ein wenig Saft herausgepresst wird.
3. In jedes Glas 25 ml Olivenöl und 1 Knoblauchzehe geben. Die Gläser gut verschließen. Die Salzzitronen entfalten ihren Geschmack nach 4–6 Wochen. Also vor Gebrauch mindestens einen Monat im Kühlschrank lagern!

TIPP: Wer mag, kann zusätzlich noch eine Chilischote oder einen Rosmarinzweig in die Gläser geben.

Pickled Onions

Zutaten

FÜR DIE ZWIEBELN
- 4–5 rote Zwiebeln
- 200 ml Wasser
- 2 TL Agavendicksaft oder Ahornsirup
- 1 TL Meersalz
- 150 ml Weißweinessig
- 2 Lorbeerblätter

AUSSERDEM
- 2 Gläser, 250 ml

25 Min. zubereiten

2 Gläser

1. 4–5 Zwiebeln schälen und in feine Scheiben schneiden. Die Zwiebeln in die vorbereiteten Gläser füllen.
2. 200 ml Wasser aufkochen, 2 TL Agavendicksaft oder Ahornsirup und 1 TL Meersalz darin auflösen. 150 ml Weißweinessig zufügen. Die Flüssigkeit über die Zwiebeln geben, bis diese vollständig bedeckt sind. Jeweils 1 Lorbeerblatt dazugeben. Die Gläser gut verschließen und mindestens 24 Stunden im Kühlschrank ziehen lassen. Die Pickled Onions halten dort verschlossen 2–3 Wochen.

TIPP: Die eingelegten roten Zwiebeln schmecken perfekt zu Salaten, Sandwiches, Burgern, Wraps und Tacos oder als Beilage zu anderen herzhaften Gerichten.

PICKLED ONIONS
SALZZITRONEN

PASTA
HOMEMADE
PESTO
ROSSO

Selbstgemachte Pasta

Zutaten

FÜR DIE PASTA
- 300 g Mehl (Type 405)
- 3 Eier (Größe S)
- 1 EL Olivenöl

AUSSERDEM
- Nudelwalze oder Nudelholz

30 Min. zubereiten

2–3 Tage warten

300 g getrocknete Pasta

1. 300 g Mehl mit 3 kleinen Eiern und 1 EL Olivenöl zu einem Teig kneten. Der Teig darf nicht an den Händen kleben. Sonst evtl. noch etwas Mehl zufügen.
2. Pastateig in Frischhaltefolie einwickeln und mindestens 1 Stunde im Kühlschrank ruhen lassen.
3. Den Teig in kleine Portionen aufteilen und nacheinander durch die Nudelwalze drehen. Alternativ mit einem Nudelholz dünn ausrollen und in Streifen schneiden. Die Nudeln auf Backpapier zum Trocknen legen. Während des Trocknens ab und zu wenden. Das dauert in der Regel 2–3 Tage.

Pesto Rosso

Zutaten

FÜR DAS PESTO
- 100 g getrocknete Tomaten
- 100 g Tomatenmark
- 50 g geröstete Pinienkerne
- 50 g geriebener Parmesan
- 50 ml Olivenöl
- Salz und Pfeffer

AUSSERDEM
- 1 Glas, 200 ml

TIPP: Das Pesto hält ca. 1 Woche im Kühlschrank. Die passenden Etiketten sind in den Vorlagen (S. 85) enthalten!

25 Min. zubereiten

1 Glas

1. 100 g getrocknete Tomaten mit kochendem Wasser übergießen und ca. 10 Minuten ziehen lassen. Anschließend das Wasser abgießen und die Tomaten trocken tupfen.
2. In einem leistungsstarken Mixer die Tomaten mit 100 g Tomatenmark, 50 g Pinienkernen und 50 g Parmesan mixen. 50 ml Olivenöl zufügen und zerkleinern, bis das Pesto die gewünschte Konsistenz hat.
3. Mit Salz und Pfeffer abschmecken, in ein Glas füllen und im Kühlschrank aufbewahren.

Kürbissuppe
IM GLAS

Zutaten

FÜR DIE SUPPE
- 1 kg Hokkaidokürbis
- 2 Zwiebeln
- 2 EL Sonnenblumenöl
- 1 TL Cayennepfeffer
- 1 TL Curry
- 1 TL Salz
- 2 EL geriebener Ingwer
- 1 l Gemüsebrühe
- 400 ml Kokosmilch

AUSSERDEM
- 1 Glas, 200 ml

50 Min.
zubereiten

1
Glas

1. Den Kürbis waschen, aufschneiden und die Kerne entfernen. Anschließend in kleine Stücke schneiden. 2 Zwiebeln schälen und in kleine Würfel schneiden.

2. In einem großen Topf 2 EL Sonnenblumenöl erhitzen und Zwiebeln mit je 1 TL Cayennepfeffer, Curry und Salz sowie 2 EL Ingwer anschwitzen.

3. Kürbisstücke, 1 l Gemüsebrühe und 400 ml Kokosmilch zugeben und aufkochen. 20–30 Minuten köcheln. Mit dem Pürierstab zerkleinern und in die vorbereiteten Gläser füllen.

TIPP: Die passenden Etiketten sind in den Vorlagen (S. 82) enthalten!

kürbis
suppe
kürbis
suppe

Geschenk-verpackungen

SCHNELLE Kaffeefilter-Tütchen

Material

- Kaffeefilter, Größe 6
- Lochzange
- Stempel
- Stempelfarbe in Schwarz
- Fineliner in Schwarz
- Klarsichtbeutel, 20 cm x 10 cm
- Satinband in Rosa, 20 cm lang

1. Die Kaffeefilter-Tüte nach Anleitung (S. 78) vorbereiten.
2. Vor dem Zubinden und Befüllen mit einem Stempel oder einem Fineliner ein Etikett auf den Kaffeefilter malen und beschriften.
3. Den Wunschinhalt (z. B. Basilikum-Salz) in eine kleine Klarsichttüte füllen und diese verschließen. Das Tütchen mittig in den Kaffeefilter legen und den Filter wieder zusammenfalten.
4. Ein Satinband mit den Enden von hinten durch beide Löcher fädeln und mit einer Schleife zubinden.

BASILIKUM SALZ
BASILIKUM SALZ
BASILIKUM SALZ
BASILIKUM SALZ

SCHLICHTE Henkeltüte

Material

- Vorlagen S. 85 und S. 87
- Fotokarton in Weiß, A4
- Schere
- Klebestift
- Klarsichttüte, 19 cm x 11,5 cm

1. Zuerst die Vorlage für den Griff (S. 85) auf Fotokarton übertragen und ausschneiden.
2. Die Vorlage für den Rahmen (S. 87) auf Fotokarton übertragen und ausschneiden. Mit Klebestift vorne auf die Klarsichttüte kleben.
3. Die Tüte nach Belieben füllen, den Griff zusammenfalten, über die Tütenöffnung legen und mit Klebestift zusammenkleben.

ELEGANTE Rüschentüte

Material

- Feste Pappe, 21 cm x 12 cm
- Packpapier-Tüte, 21 cm x 12 cm
- Kreisschneider oder Schere
- Mini-Tortenspitze, ø 10 cm
- Klebestift
- Klarsichttüte, 19 cm x 11,5 cm
- Foldback-Klammer in Gold, 3 cm

1. Die feste Pappe in die Packpapier-Tüte stecken und mit einem Kreisschneider mittig auf der Vorderseite einen 5 cm großen Kreis ausschneiden. Alternativ den Kreis aufzeichnen und mit einer Schere ausschneiden. Anschließend die Pappe wieder entfernen.
2. Jetzt die Mini-Tortenspitze auf die Pappe legen und ebenfalls mittig einen 5 cm großen Kreis mit dem Kreisschneider oder einer Schere ausschneiden.
3. Die Mini-Tortenspitze mit Klebestift passend um das Loch in der Tüte kleben. Selbstgemachte Leckereien in einer Klarsichttüte verpacken und in die Packpapier-Tüte stecken. Die Öffnung der Papier-Tüte umfalten und mit der Foldback-Klammer verschließen.

KLEINE Pappbecher-Schachtel

Material

- Pappbecher in Natur
- Schere
- Klarsichttüte
- Heißklebepistole
- Fotokarton in Weiß, A5
- Vorlage S. 83
- Kreisstanzer (optional)

1. Die Pappbecher-Schachtel nach Anleitung (S. 79) vorbereiten.
2. Die selbstgemachten Köstlichkeiten in Klarsichtbeuteln verpacken und in den Becher stecken. Die Einschnitte an der Öffnung des Bechers nach innen umfalten und mit Heißkleber übereinander kleben.
3. Aus weißem Fotokarton einen ca. 15 cm x 1,5 cm breiten Streifen schneiden und jeweils ein Dreieck aus den Enden herausschneiden.
4. Die Vorlage für den Kreis auf weißen Fotokarton übertragen und (am besten mit einem Kreisstanzer) ausschneiden.
5. Dann zuerst den Streifen und zum Schluss den Kreis mit Heißkleber auf den Becher kleben.

TIPP: Die Kreise können auch aufgezeichnet und mit der Schere ausgeschnitten werden.

Faltschachtel
MIT BANDEROLE

Material

- Vorlage S. 84
- Fotokarton in Hellblau, A4
- Bleistift
- Schere
- Heißkleber
- Klarsichttüte
- Fotokarton in Taubenblau, 25 cm x 2 cm
- Baumwollschnur in Hellblau, 40 cm

1. Vorlage mit Bleistift auf den hellblauen Fotokarton übertragen und ausschneiden. Dabei werden alle Faltkanten mit übertragen. An den gestrichelten Linien nach innen falten.
2. Die vier kleinen Seitenlaschen umfalten und mit Heißkleber innen an den Rand der Schachtel kleben. Die selbstgemachten Knabbereien in Klarsichttüten verpacken und in die Schachtel legen. Die vier Halbkreise als Deckel zusammenfalten.
3. Aus dem taubenblauen Fotokarton einen 25 cm x 2 cm breiten Streifen schneiden und als Banderole um die Schachtel legen. Rückseitig mit Heißkleber die überlappende Stelle zusammenkleben. Anschließend die Baumwollschnur zweifach um die Schachtel wickeln und mit einer Schleife verschließen.

Papier-Schachtel
MIT BANDEROLE

Material

- Vorlage S. 86
- Fotokarton in Hellgrün, A4
- Bleistift
- Schere
- Klebestift
- Packpapier, 21 cm x 3 cm
- Kreisstanzer (optional)
- Kraftkartonrest
- Fotokartonrest in Weiß
- Foldback-Klammer in Mint, 1,5 cm

1. Die Vorlage für die Schachtel samt aller Hilfslinien mit Bleistift auf den hellgrünen Fotokarton übertragen, ausschneiden und die Schachtel nach Anleitung (S. 80/81) vorbereiten.
2. Die Schachtel befüllen.
3. Aus Packpapier einen 21 cm x 3 cm breiten Streifen schneiden und als Banderole so um die Schachtel legen, dass sie diese umschließt. Banderole auf der Rückseite an den sich überlappenden Enden zusammenkleben.
4. Mit einem Kreisstanzer einen 4,5 cm großen Kreis aus Kraftkarton und einen 3,5 cm großen Kreis aus weißem Fotokarton ausstanzen. Wenn kein Kreisstanzer vorhanden ist, Kreise aufzeichnen und mit einer Schere ausschneiden. Für den kleinen Kreis kann auch ein blumenförmiger Ausstanzer verwendet werden oder es können noch kleine Blütenblätter hineingeschnitten werden.
5. Nach Belieben den kleinen, weißen Kreis beschriften oder bemalen. Die beiden Kreise übereinander kleben und anschließend als Verzierung vorne auf die Banderole kleben. Zum Schluss die Foldback-Klammer anbringen.

Blech-Dosen
MIT HOLZDECKEL

Material

- Konservendosen in verschiedenen Größen
- Lineal
- Zirkel
- Sperrholzplatte, 60 cm x 40 cm x 0,4 cm
- Laubsäge
- Schleifpapier
- Holzleim
- Akkubohrer
- Lederriemen, 50 cm x 2 cm
- Heißklebepistole
- Packpapier, 25 cm x 5 cm
- Vorlage S. 87
- Fotokartonrest in Weiß

1. Für die Deckel den Durchmesser der Konservendosenöffnungen ausmessen und 5 mm abziehen. Das ist der Durchmesser des Kreises für den Innendeckel. Wichtig ist, dass der Innendeckel minimal kleiner ist als die Öffnung der Dose, damit diese dann gut schließt!
2. Zum Durchmesser des Innendeckels 10 mm addieren – so groß sollte der äußere Deckel werden.
3. Den Radius der Kreise mit Hilfe eines Zirkels auf die Sperrholzplatte übertragen. Mit einer Laubsäge die Kreise akkurat aussägen. Anschließend werden die Kreise mit Schleifpapier an den Rändern geglättet.
4. Nun einen großen und einen kleinen Kreis mit Holzleim zusammenkleben, sodass der kleine Kreis mittig auf dem großen Kreis sitzt.
5. Mit einem Akkubohrer in die Mitte des Deckels mehrere Löcher nebeneinander zu einem Schlitz von ca. 2 cm x 0,5 cm bohren. Die Größe des Schlitzes orientiert sich dabei an der Dicke des Lederriemens!
6. Die Lederriemen auf 15 cm Länge zurechtschneiden, durch die Öffnung fädeln, auf der Innenseite umbiegen und mit Heißkleber am Deckel festkleben.
7. Den Streifen Packpapier mittig um die Konservendose kleben. Die Vorlage für das Etikett auf Fotokarton übertragen und ausschneiden. Mit Heißkleber aufkleben.

Banderole
AUS PAPIER

Material

- Vorlage S. 87
- Bleistift
- Fotokarton in Weiß, A4
- Schere
- Fineliner in Schwarz
- Lochzange
- Klarsichttüte
- Musterbeutelklammer

1. Vorlage mit Bleistift auf den Fotokarton übertragen und ringsum ausschneiden. Die beiden Fenster ebenfalls ausschneiden.
2. Mit Fineliner einen Rahmen um die Fenster zeichnen. Die Banderole anschließend entlang der gestrichelten Markierungen falten.
3. Mit einer Lochzange ein Loch durch beide Enden stanzen. Geschenk in einer Klarsichttüte verpacken und zwischen die zwei Teile der Banderole legen. Dann die Banderole mit einer Musterbeutelklammer verschließen.

GRUNDANLEITUNG

KAFFEEFILTER-TÜTEN BASTELN

1. Beide Seiten des Kaffeefilters so nach hinten umklappen, dass sich die Spitzen in der Mitte berühren.

4. Mit einer Lochzange zwei Löcher 4 mm von oben in den umgeschlagenen Rand stanzen.

2. Dann die Öffnung ca. 1,5 cm breit nach unten falten.

3. An den entstandenen Faltkanten mit dem Finger oder dem Falzbein entlangstreichen.

5. Filter wieder auseinanderfalten, nach Belieben verzieren und befüllen.

6. Den Filter wieder zusammenfalten. Ein Geschenkband von hinten durch die Löcher fädeln und zur Schleife binden.

PAPPBECHER-SCHACHTEL BASTELN

1. Zuerst mit einer Schere den Rand des Pappbechers abschneiden.

3. Den Becher mit dem gewünschten Inhalt, füllen und die Einschnitte nach innen umfalten.

2. Anschließend 6–8 Einschnitte – ca. 2 cm tief – in den Becherrand schneiden.

4. Einschnitte an den überlappenden Stellen mit Heißkleber übereinander kleben.

5. Die Schachtel nach Belieben verzieren und verschenken.

PAPIER-SCHACHTEL BASTELN

1. Die Vorlage samt aller Hilfslinien mit Bleistift auf Fotokarton übertragen

2. Die Schachtel ausschneiden und entlang aller Linien falzen.

3. Die beiden langen Streifen rechts und links nach innen umfalten.

4. Nun das obere Stück des Kartons entlang der Faltkante im 90°-Winkel aufstellen. Dabei darauf achten, dass die gefalteten Dreiecke nach innen zeigen. Die Dreiecke an der nach oben gefalteten Seite festkleben. Mit der gegenüberliegenden Seite genauso verfahren.

5. Die Schachtel füllen. Die beiden langen Seiten oben zusammennehmen und mit einer Foldback-Klammer verschließen.

VORLAGEN

Etiketten für das Pinienkern- und das Steinpilz-Risotto, Seite 34

Etiketten für die süße Chili-Sauce, Seite 46

Etikett für die Kürbissuppe, Seite 58

kürbis

suppe

Etiketten für Röstzwiebel-, Basilikum- und Thymian-Zitronen-Salz, Seite 38

MEERSALZ

Röstzwiebel-Salz

MEERSALZ

Basilikum-Salz

MEERSALZ

Thymian-Zitronen-Salz

Etiketten für die Pappbecher-Schachtel, Seite 68

Vorlage für die Faltschachtel, Seite 70

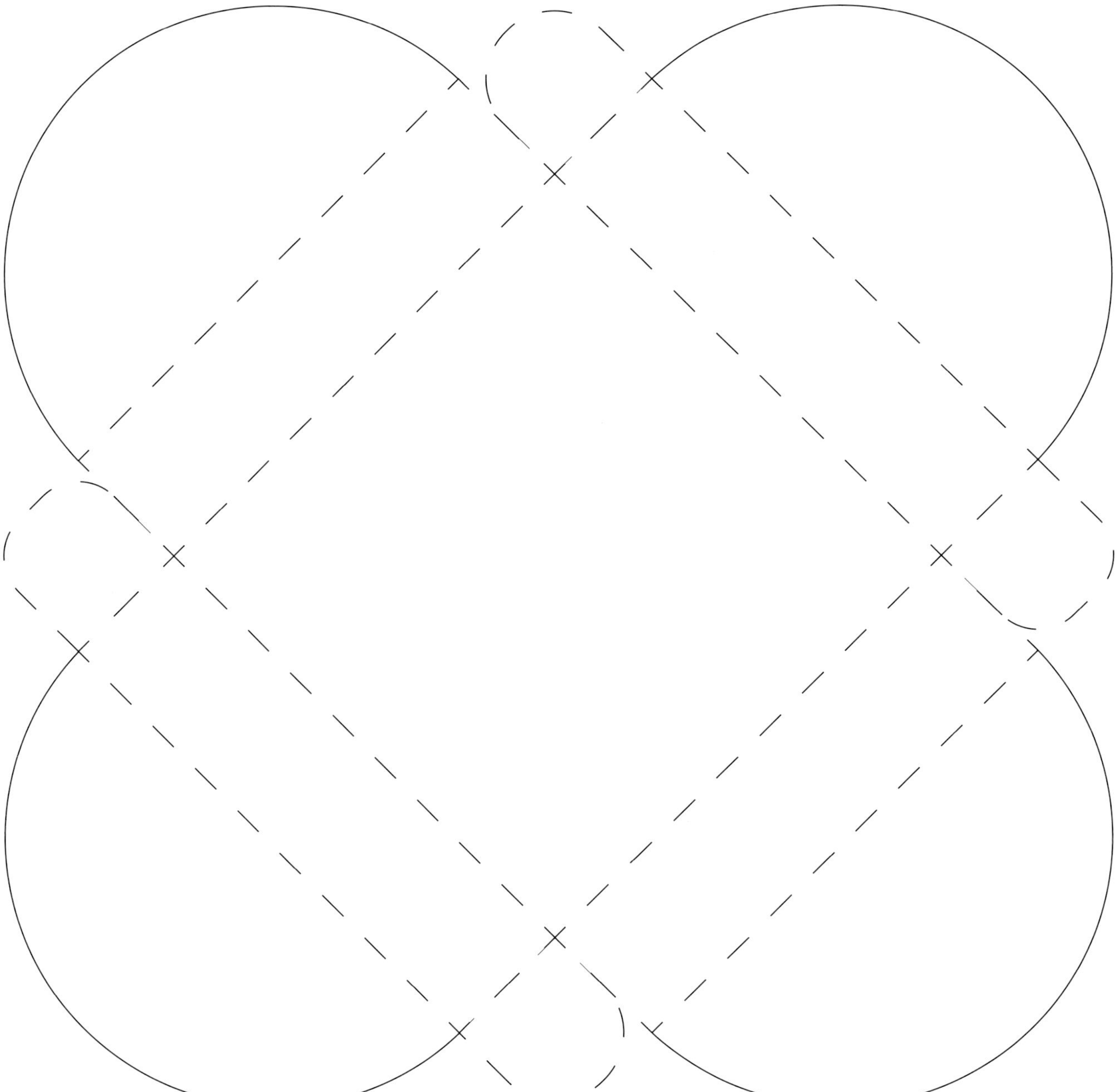

Vorlage für die Henkeltüte, Seite 64

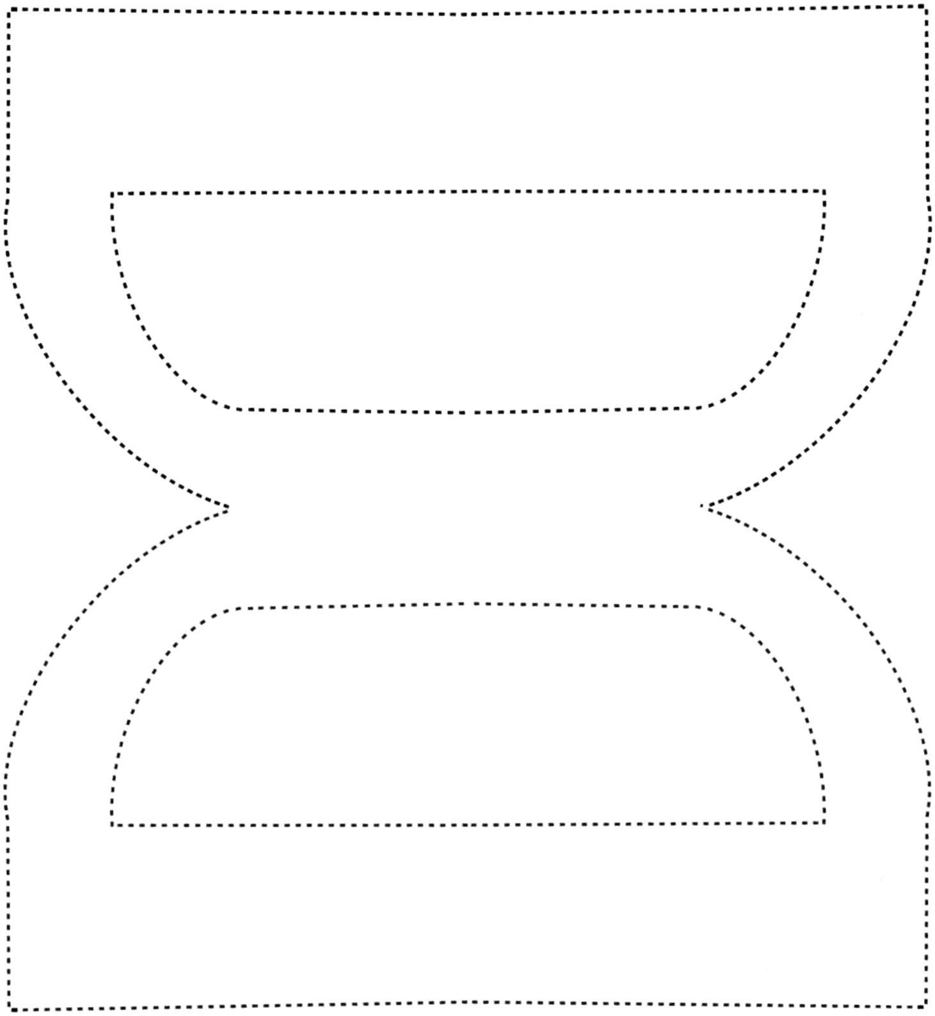

Etikett für die selbstgemachte Pasta und das Pesto Rosso, Seite 56

Vorlage für die Papier-Schachtel, Seite 72

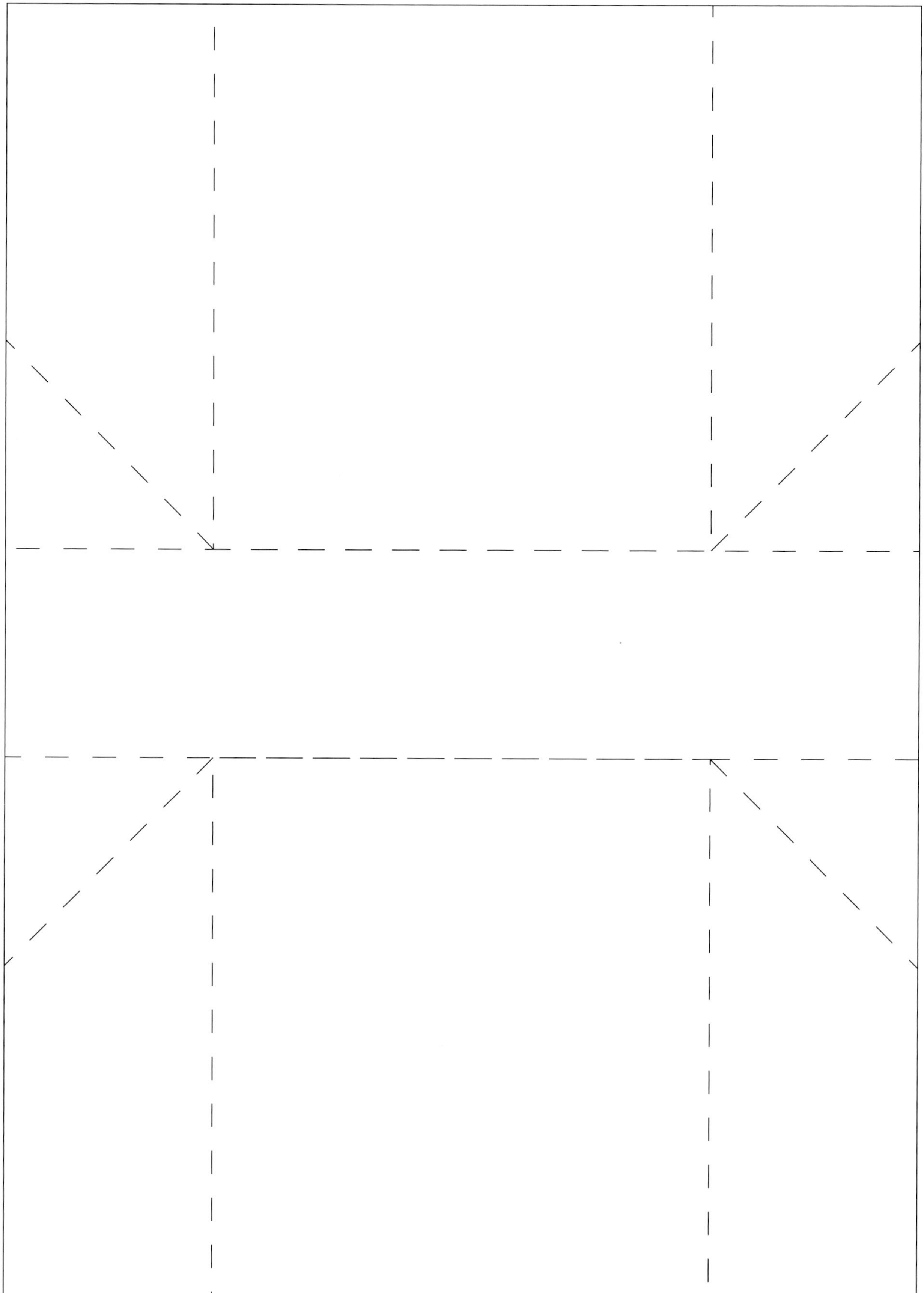

Vorlage für die Banderole, Seite 76

Etikett für die Blech-Dose, Seite 74

Vorlage für die Henkeltüte, Seite 64

BUCHEMPFEHLUNGEN FÜR DICH

ISBN 978-3-7358-5324-0

ISBN 978-3-7358-5284-7

ISBN 978-3-7358-5237-3

ISBN 978-3-7358-5025-6

ISBN 978-3-7724-8050-8

ISBN 978-3-7724-8047-8

ISBN 978-3-7358-5114-7

ISBN 978-3-7724-4439-5

ISBN 978-3-7724-4345-9

ISBN 978-3-7358-5060-7

ISBN 978-3-7724-4777-8

ISBN 978-3-7358-5043-0

ISBN 978-3-7358-5041-6

ISBN 978-3-7724-4356-5

ISBN 978-3-7724-8199-4

ISBN 978-3-7358-5221-2

ISBN 978-3-7358-7110-7

ISBN 978-3-7358-5115-4

#TOPPPROJEKT

Die eigene Kreativität zeigen: TOPPprojekt mit anderen Kreativen teilen und Teil der Gemeinschaft werden.

DIY-begeistert und auf Instagram? Dann unbedingt mitmachen! Hier gibt's Tipps und Feedback zu den eigenen Projekten. Außerdem verlosen wir jeden Monat ein Überraschungspaket. Um am Gewinnspiel teilzunehmen, einfach ein Bild vom Kreativ-Projekt aus unseren Büchern mit #TOPPprojekt posten und unserem Account @frechverlag folgen. Mehr Infos auf TOPP-kreativ.de/TOPPprojekt

Website
Auf TOPP-kreativ.de kannst du ein riesiges Angebot von über 1.000 Kreativbüchern, Sets & mehr entdecken.

Newsletter
Gleich anmelden unter: TOPP-kreativ.de/newsletter und immer als Erstes von unseren Neuheiten und Sonderaktionen erfahren.

Instagram
@frechverlag

Pinterest
pinterest.com/frechverlag

Facebook
facebook.com/frechverlag

DigiBib
Hier findest du zusätzlich zu vielen unserer Bücher digitale Extras, wie Video-Tutorials, Plotter-Dateien, Vorlagen, Übungsblätter & vieles mehr. Einfach im Impressum deines TOPP-Buchs den Freischalte-Code nachschlagen und exklusive Inhalte freischalten. TOPP-kreativ.de/digibib

Youtube
youtube.com/frechverlag

Wer wir sind, wie wir arbeiten, was wir lieben ...

Auf Instagram, Facebook und Pinterest findest du mehr über uns und unsere Arbeit und wirst immer schnell und einfach mit den neuesten Infos versorgt.

Alle News, alle Infos und alle Links findest du auf www.TOPP-kreativ.de

IDA DEGES

Ida Deges liebt das Backen, Kochen und Basteln. Schon seit ihrem 6. Lebensjahr beobachtet sie ihre Mutter beim Basteln und Schreiben ihrer Bücher. Gemeinsam mit ihr ist dieses Buch entstanden, das jede Menge von Idas selbst kreierten Lieblingsrezepten enthält.

DANKE

Ein großes Dankeschön geht an Lara Franke und Michael Ruder für die nette Zusammenarbeit sowie die Firmen Rico und Rayher für ihre freundliche Unterstützung mit Materialien. Ein besonderes Dankeschön geht an meine Mutter Pia, ohne die dieses Buch nicht möglich gewesen wäre und durch die ich gelernt habe, was Kreativität heißt und wie viel Spaß es macht, kreativ zu sein.

IMPRESSUM

MODELLE: Ida Deges
FOTOS: Michael Ruder, lichtpunkt, Stuttgart
PRODUKTMANAGEMENT: Lara Franke
LEKTORAT: Petra-Marion Niethammer
HERSTELLUNG: Jessica Siebert
COVERGESTALTUNG: Petra Schmidt, Eva Hook
LAYOUT und SATZ: Werbeagentur Rypka GmbH, www.rypka.at
DRUCK und BINDUNG: UAB BALTO print, Litauen

TOPP – UNSERE SERVICEGARANTIE

WIR SIND FÜR SIE DA! Bei Fragen zu unserem umfangreichen Programm oder Anregungen freuen wir uns über Ihren Anruf oder Ihre Post. Loben Sie uns, aber scheuen Sie sich auch nicht, Ihre Kritik mitzuteilen – sie hilft uns, ständig besser zu werden. Bei Fragen zu einzelnen Materialien oder Techniken wenden Sie sich bitte an unseren Kreativservice.
hilfe@frechverlag.de
Telefon 0711/123 757 20

Das Produktmanagement erreichen Sie unter: pm@frechverlag.de
oder: frechverlag Produktmanagement
Dieselstraße 5,
70839 Gerlingen
Telefon 0711/ 8 30 86 68

1. Auflage 2024

ISBN 978-3-7358-5286-1 • Best.-Nr. 25286

MIX
Papier aus verantwortungsvollen Quellen
FSC® C107574

Penguin Random House Verlagsgruppe FSC® N001967